WOK

Knackig und blitzschnell gerührt

Autorin: Cornelia Schinharl | Fotograf: Wolfgang Schardt

INHALT

TIPPS UND EXTRAS

8 GEMÜSE

Das grüne Blatt heißt fleischloser Genuss: Mit diesem Symbol sind alle vegetarischen Gerichte gekennzeichnet.

WOK – GENIAL EINFACH

Alles rechtzeitig vorbereiten und den Wok gekonnt nutzen – es braucht wirklich nicht viel, um ein Meister im Wokbraten zu werden!

blumen- oder Sojaöl – jeweils raffiniert und nicht kalt gepresst. Für Mediterranes aus dem Wok schmeckt auch Olivenöl gut. Das muss dann aber nicht das hochwertigste und teuerste sein.

ERST DER WOK, DANN DAS ÖL
Damit sich die Hitze gleichmäßig verteilen kann, wird der Wok erst richtig gut aufgeheizt. Dann kommt das Öl hinein, und es geht sofort los mit dem Braten. So kann das Fett nicht zu heiß werden und die Zutaten im Wok verbrennen nicht.

WENN'S BRENZLIG WIRD
Für den Fall, dass Sie doch mal kurz mit dem Rühren aufgehört haben und etwas anzubrennen droht, den Wok unbedingt kurz von der Herdplatte nehmen. Und wenn nötig, das Braten mit einem Schuss Wasser, Sauce oder auch Wein unterbrechen. Stellen Sie sich für diesen Fall am besten etwas Flüssigkeit griffbereit neben den Herd.

KEINE HEKTIK – GUT VORBEREITET
Weil das Braten im Wok blitzschnell geht, sollten alle Zutaten fertig vorbereitet sein und parat stehen, bevor man loslegt. Selbst die Sauce rühren Sie am besten schon vorher an. Manchmal genügen nämlich ein paar Augenblicke ohne Rühren und es brennt etwas an. Also alles klein schneiden, getrennt in Schälchen verteilen und griffbereit neben den Herd stellen.

DAS RICHTIGE ÖL
In erster Linie muss es hoch erhitzbar sein: Für asiatisch und orientalisch inspirierte Gerichte am besten ein neutrales Öl wählen: Erdnuss-, Sonnen-

DIE MENGEN
Besonders gut gelingen die Rezepte in einem haushaltsüblichen Wok für zwei Personen. Dann sind nämlich nur so viele Zutaten im Wok, dass die Hitze hoch bleibt und tatsächlich gebraten wird. Größere Mengen geben mehr Flüssigkeit ab und aus dem Braten wird schnell ein Dünsten. Für vier Personen also besser alles in zwei Portionen nacheinander braten. Zum Schluss zusammenrühren und noch mal richtig gut heiß werden lassen.

ZUTATEN VON A BIS Z

Ein bisschen Schärfe und viel Aroma – die werden beim Braten im Wok besonders häufig eingesetzt. Hier stelle ich Ihnen ein paar nicht ganz so alltägliche Produkte vor.

ASIATISCHE NUDELN
Weizen-, Buchweizen- oder Reisnudeln eignen sich gut zum Braten im Wok. Weizennudeln gibt's in jedem Supermarkt, Buchweizen- und Reisnudeln im Asienladen. Reisnudeln, die roh fast durchsichtig sind, werden in Salzwasser bissfest gekocht, dabei werden sie weiß. Immer gut kalt abschrecken, damit sie nicht zu sehr kleben!

CHILIFLOCKEN
Werden aus getrockneten Chilischoten durch Schroten hergestellt und können gut dosiert werden. Es gibt sie im Gewürzladen in verschiedenen Schärfegraden. Wählen Sie Ihr Produkt nach gewünschter Schärfe aus. Ersatzweise können Sie getrocknete Chilischoten im Mörser zerkleinern. Oder Sie nehmen Sambal oelek oder Harissa – beides würzig-scharfe Chilipasten – oder Currypaste zum Schärfen.

KOKOSMILCH
Gibt es in der Dose oder im Tetrapak in Größen von 200, 250 oder 400 ml Inhalt. Kokosmilch in der Dose trennt sich meist in einen wässrigen und einen dickflüssigen Teil und sollte vor dem Öffnen gut geschüttelt werden. Kokosmilch aus dem Tetrapak ist cremig und kann einfach untergerührt werden.

LIMETTE
Die kräftig grüne Zitrusfrucht hat eine milde Säure und ganz viel Aroma. Kaufen Sie Bio-Limetten und wählen Sie grüne Früchte aus. Gelbliche sind überreif und haben nicht mehr viel Saft. Ersatzweise können Sie Bio-Zitrone nehmen, dann aber immer etwas weniger dazugeben.

REISESSIG
Den eher milden Essig gibt es hell und dunkel. Den milderen hellen am besten durch ebenfalls milden Weißwein- oder Apfelessig und den dunklen durch Aceto balsamico ersetzen.

SESAMÖL
Wird in den Rezepten vor allem zum Abschmecken verwendet. Wichtig: Es muss aus gerösteten Sesamsamen hergestellt werden, damit es den wunderbar intensiven Geschmack hat. Und sollte nach dem Öffnen im Kühlschrank aufbewahrt werden.

TEMPEH & TOFU
Tempeh wird aus ganzen Sojabohnen hergestellt, die gekocht, gepresst, mit einem Edelpilz geimpft und anschließend fermentiert werden. Tempeh ist schnittfest. Sie bekommen ihn im Naturkosthandel. Tofu, der aus Sojamilch durch Gerinnen und Pressen gewonnen wird, gibt's inzwischen auch in den meisten Supermärkten.

BUNTER GEMÜSEWOK

1 dicke Möhre | 100 g Blumenkohl oder Brokkoli | 50 g Zuckerschoten | 1 kleine rote Paprikaschote |
4 EL neutrales Öl | 1 Sauce nach Wahl (Rezepte siehe hintere Klappe)

Für 2 Personen | 25 Min. Zubereitung | Pro Portion ca. 265 kcal, 4 g EW, 21 g F, 17 g KH

1 Alle Gemüse schälen oder waschen und putzen. Die Möhre mit einem großen Messer der Länge nach in dünne Scheiben, dann in Streifen schneiden.

2 Blumenkohl und Brokkoli werden im Wok nur in sehr kleinen Röschen ohne Vorgaren bissfest. Die Röschen also in möglichst kleine Stücke brechen.

3 Die Zuckerschoten leicht schräg in knapp 1 cm breite Streifen schneiden. Die Paprikaschote in Rauten oder größere Vierecke schneiden.

4 Den Wok erhitzen, dann erst das Öl dazugeben. Es wird rasch heiß, also gleich weitermachen: zuerst faserreiches, dann weiches Gemüse dazugeben.

5 Möhre, Blumenkohl oder Brokkoli und Zuckerschoten ins Öl geben und braten. Dabei ständig rühren, damit sie viel Hitze abbekommen und gleichmäßig garen.

6 Weiche Zutaten müssen nur richtig heiß werden und sollen knackig bleiben. Paprika unterrühren. Eine Sauce dazugeben, kräftig aufkochen, fertig!

SCHWEINEFLEISCH SÜSSSAUER

250 g Schweinelende oder -filet | 2 ½ EL Speisestärke | 1 Ei | 2 EL helle Sojasauce | 1 EL Reisessig |
2 TL brauner Zucker | 2 EL passierte Tomaten | 4 EL Fleischbrühe | ½ l Pflanzenöl

Für 2 Personen | 25 Min. Zubereitung | Pro Portion ca. 400 kcal, 33 g EW, 21 g F, 18 g KH

1 Das Fleisch in 1 cm breite und 2 cm lange Stücke schneiden. Speisestärke (bis auf ½ TL) mit gut 1 EL Wasser und dem Ei verquirlen. Fleisch untermischen.

2 Schon jetzt für die Sauce Sojasauce, Essig, Zucker, Tomaten und Brühe verrühren. Übrige Stärke mit wenig Wasser verrühren und beiseitestellen.

3 Das Öl muss zum Frittieren richtig heiß sein: zur Probe ein hölzernes Stäbchen hineinhalten. Bilden sich schnell viele Bläschen, ist es heiß genug.

4 Beim Frittieren muss das Öl heiß bleiben. Deshalb das Fleisch in zwei bis drei Portionen garen. Kommt zu viel auf einmal dazu, kühlt das Fett schnell ab.

5 Die Stücke nach ca. 3 Min. mit dem Schaumlöffel herausheben und auf Küchenpapier abtropfen lassen. Das Fett nach dem Frittieren aus dem Wok gießen.

6 Sauce und angerührte Stärke im Wok aufkochen, bis sie eindickt. Wer will, mischt Ananas oder Frühlingszwiebel unter. Die Sauce über das Fleisch geben.

GEMÜSE

Ein echtes Traumpaar: Gemüse und Wok, die passen einfach perfekt zusammen! Kurz und knackig gegart schmecken mir Möhren, Pilze, Kohl und Co. besonders gut. Und sie haben auch sonst eine Menge zu bieten: Vitamine und Mineralstoffe bleiben so gut erhalten, dass bei allem Genuss auch die Gesundheit jubilieren kann!

GEMÜSECURRY MIT KOKOSMILCH

Bunt gemischt, angenehm scharf und durch die Kokosmilch wunderbar cremig kommt dieses vitaminreiche Thaigemüse auf den Tisch.

1 kleiner Kohlrabi (ca. 270 g)
1 dicke Möhre (ca. 100 g)
200 g Brokkoliröschen
200 g kleine Champignons
2 Frühlingszwiebeln
1 Stück Ingwer (ca. 2 cm)
2 Knoblauchzehen
1 Stängel Zitronengras
2 EL neutrales Öl
2 TL grüne Currypaste
1 TL brauner Zucker
250 ml Kokosmilch (Dose oder Tetrapak)
2 TL Zitronensaft
Salz

Festlich

Für 2 Personen |
30 Min. Zubereitung
Pro Portion ca. 492 kcal,
17 g EW, 35 g F, 27 g KH

1 Den Kohlrabi und die Möhre schälen und in ca. 1 cm große Würfel schneiden. Brokkoliröschen waschen. Die Champignons putzen und bei Bedarf mit einem Tuch abreiben.

2 Die Frühlingszwiebeln putzen und waschen. Etwas vom knackigen Grün abschneiden und beiseitelegen, den Rest fein hacken. Ingwer und Knoblauch schälen und ebenfalls fein schneiden. Das Zitronengras waschen, die Enden abschneiden und die äußere Schicht entfernen. Zitronengras sehr fein schneiden.

3 Den Wok erhitzen und das Öl hineingeben. Kohlrabi, Möhre und Brokkoli einrühren und ca. 2 Min. braten. Pilze, Zwiebeln, Ingwer, Knoblauch und Zitronengras dazugeben und weitere 2 – 3 Min. braten, bis die Pilze leicht braun sind.

4 Die Currypaste und den Zucker dazugeben und kurz braten. Die Kokosmilch angießen und gründlich unterrühren. Das Gemüse offen bei mittlerer Hitze 3 – 4 Min. köcheln lassen, bis es bissfest ist. Mit dem Zitronensaft und Salz abschmecken. Das beiseitegelegte Frühlingszwiebelgrün in Ringe schneiden, aufstreuen und das Curry servieren. Dazu schmeckt Reis.

TIPP Das Gemüsecurry schmeckt auch wunderbar mit Fenchel und Paprika (beides in feine Streifen geschnitten), grob gehackem Mangold und Pilzen. Ebenfalls fein: Kürbiswürfel, Lauchringe, Pilze und Kirschtomaten.

AUBERGINEN MIT LAUCH UND SESAMÖL

Ein einfaches und schnelles Gemüsegericht, das mir eine chinesische Bekannte verraten hat,
wunderbar aromatisch und angenehm säuerlich.

1 Aubergine (ca. 350 g)
1 Stange Lauch
1 Stück Ingwer (ca. 2 cm)
2 EL Sojasauce
75 ml Gemüsebrühe
2 EL Reiswein (nach Belieben)
1 EL dunkler Reisessig (ersatzweise Aceto balsamico)
2 EL Sesamöl
400 ml neutrales Öl zum Frittieren
ca. ½ TL Chiliflocken
Salz
Koriandergrün oder Petersilie zum Bestreuen (nach Belieben)

Preiswert

Für 2 Personen |
30 Min. Zubereitung
Pro Portion ca. 620 kcal,
4 g EW, 60 g F, 10 g KH

1 Die Aubergine waschen, putzen, knapp 1 cm groß würfeln und mit Küchenpapier trocken tupfen. Vom Lauch die Wurzeln und welke grüne Teile abschneiden. Lauch längs aufschneiden und gründlich waschen, in breite Streifen schneiden. Den Ingwer schälen und erst in Scheiben, dann in feine Streifen schneiden. Die Sojasauce mit der Brühe, nach Belieben dem Reiswein, dem Essig und dem Sesamöl verrühren.

2 Den Wok erhitzen und das Öl darin heiß werden lassen. Die Auberginenwürfel darin in zwei Portionen unter Rühren bei starker Hitze jeweils 3 – 4 Min. frittieren, bis sie schön gebräunt sind. Mit dem Schaumlöffel herausheben und auf einer dicken Lage Küchenpapier abtropfen lassen.

3 Das Öl bis auf einen dünnen Film aus dem Wok gießen und die Hitze auf mittlere Stufe zurückschalten. Lauch, Ingwer und Chiliflocken in den Wok geben und unter Rühren ca. 2 Min. braten. Die Sauce dazugießen und einmal kräftig aufkochen lassen. Auberginenwürfel wieder untermischen und heiß werden lassen. Mit Salz abschmecken und nach Belieben mit etwas Koriandergrün oder Petersilie bestreuen. Gleich servieren. Dazu schmecken Reis oder dünne asiatische Weizennudeln.

VARIANTE

AUBERGINEN SIZILIANISCH
Die Aubergine wie oben beschrieben vorbereiten und frittieren. Danach im Wok in wenig Öl 1 klein gewürfelte Stange Sellerie, 1 gewürfelte Zwiebel und 2 gehackte Knoblauchzehen ca. 2 Min. braten. 200 g gehäutete gewürfelte Tomaten mit je 1 EL grünen Oliven und Kapern dazugeben und erhitzen. Die Auberginenwürfel wieder untermischen und mit ½ EL Zucker, ca. 2 EL Rotweinessig, Salz und Pfeffer oder Chiliflocken würzen. Mit Ciabatta schmecken lassen.

SÜSSSAUER-SCHARFE KARTOFFELN

Knusprig gebraten und mit einer süß-säuerlichen Sauce gewürzt – ein feines vegetarisches Essen, das für sich allein oder mit Fladenbrot himmlisch schmeckt.

500 g festkochende Kartoffeln
1 dünne Stange Lauch
½ rote Paprikaschote
4 EL neutrales Öl
1 TL Sichuanpfeffer oder
schwarze Pfefferkörner
4 EL dunkler Reisessig (ersatzweise Aceto balsamico)
1 EL Sojasauce
1 EL Zucker
Salz
einige Stiele Schnitt-
knoblauch (ersatzweise
Schnittlauch)

Ganz einfach 🌿

Für 2 Personen |
25 Min. Zubereitung
Pro Portion ca. 370 kcal,
6 g EW, 20 g F, 40 g KH

1 Die Kartoffeln schälen und waschen, in knapp ½ cm dünne Scheiben, dann in ebenso breite Stifte schneiden. Kartoffelstifte mit Küchenpapier gründlich abtupfen, um die Stärke zu entfernen. Den Lauch putzen, waschen und in feine Streifen schneiden. Die halbe Paprikaschote putzen, waschen und ebenfalls in schmale Streifen schneiden.

2 Den Wok erhitzen und das Öl hineingeben. Den Sichuanpfeffer oder die Pfefferkörner kurz darin braten und mit dem Schaumlöffel herausheben. Die Kartoffeln ins Öl geben und bei starker Hitze unter ständigem Rühren in ca. 5 Min. knusprig braten. Lauch und Paprika dazugeben und alles ca. 2 Min. unter Rühren weiterbraten.

3 Den Pfeffer im Mörser leicht zerstoßen, mit Essig, Sojasauce und Zucker verrühren und zu den Kartoffeln gießen, die Kartoffeln salzen. Den Schnittknoblauch waschen, trocken schütteln, in ca. 1 cm lange Stücke schneiden und auf das Gericht streuen. Die Kartoffeln gleich servieren.

TIPP

Orientalisch schmecken die Kartoffeln mit einer Mischung aus 1 Chilischote, 2 Frühlingszwiebeln und 2 Knoblauchzehen – alles gehackt, sowie jeweils ½ TL gemahlenem Kreuzkümmel und Koriander, 1 EL Zitronensaft und Salz gewürzt.

PILZE MIT KNOBLAUCHBRÖSELN

500 g Champignons | 1 Knoblauchzehe |
50 g Rucola | 1 EL Butter | 2 EL Olivenöl |
3 EL Semmelbrösel | ca. ¼ TL Chiliflocken |
Salz | ¼ TL abgeriebene Bio-Zitronenschale

Mediterran

Für 2 Personen | 25 Min. Zubereitung
Pro Portion ca. 225 kcal, 8 g EW, 15 g F, 14 g KH

1 Die Pilze putzen, mit einem Tuch abreiben und in ca. ½ cm dicke Scheiben schneiden. Den Knoblauch schälen. Den Rucola waschen, trocken schütteln und grob hacken.

2 Den Wok bei mittlerer Hitze erwärmen. Die Butter mit ½ EL Olivenöl darin zerlassen. Die Semmelbrösel dazugeben und unter Rühren knusprig braten. Den Wok kurz von der Herdplatte ziehen, den Knoblauch durch die Presse zu den Bröseln drücken. Die Chiliflocken unterrühren, die Brösel leicht salzen und aus dem Wok nehmen.

3 Das restliche Öl erhitzen und die Pilze darin bei starker Hitze unter Rühren ca. 4 Min. braten. Den Rucola untermischen und nur zusammenfallen lassen. Die Pilze mit Salz und Zitronenschale abschmecken und mit den Bröseln bestreut servieren. Dazu passt Kartoffelpüree.

TIPP

Die würzigen Pilze schmecken mir nicht nur als Hauptgericht, sondern auch als feine Vorspeise. Am besten sind sie auf einem Bett aus kräftigem Salat – Radicchio, Endivie oder noch mehr Rucola. Die Mengen reichen dann sogar für 4 Personen.

WOK-RATATOUILLE

1 Zucchino (ca. 200 g) | ½ kleine Aubergine (ca. 150 g) | 1 rote Paprikaschote | 100 g Kirschtomaten | 4 Zweige Thymian | 1 Zweig Rosmarin | 2 Knoblauchzehen | 3 EL Olivenöl | Salz | Pfeffer

Blitzversion des Klassikers

Für 2 Personen | 25 Min. Zubereitung
Pro Portion ca. 195 kcal, 4 g EW, 16 g F, 9 g KH

1 Das Gemüse waschen und putzen. Zucchino, Aubergine und Paprika getrennt in gut ½ cm große Würfel schneiden. Die Tomaten halbieren. Die Kräuter waschen und trocken schütteln, die Nadeln bzw. Blättchen abzupfen und fein hacken. Den Knoblauch schälen und fein würfeln.

2 Den Wok erhitzen und 2 EL Öl hineingeben. Die Auberginenwürfel darin bei starker Hitze unter Rühren 2 – 3 Min. braten. Zucchino und Paprika mit dem übrigen Öl und den Kräutern dazugeben und alle Zutaten unter Rühren weitere 2 – 3 Min. braten.

3 Die Tomaten und den Knoblauch untermischen und nur noch kurz weiterbraten. Das Gericht salzen, pfeffern und gleich servieren. Dazu schmeckt frisches Baguette.

SERVIERTIPP

Wenn das Gericht etwas gehaltvoller sein soll, streue ich zerkrümelten Schafskäse (Feta) oder klein gewürfelten Mozzarella darüber.

GEBRATENER BLUMENKOHL MIT CHERMOULA

Die feinaromatische marokkanische Kräuter-Gewürz-Mischung passt nicht nur zu Blumenkohl, sondern auch zu Zucchini, Paprikaschoten oder Fisch.

je ½ Bund Petersilie und Koriander
2 Frühlingszwiebeln
2 Knoblauchzehen
2 TL edelsüßes Paprikapulver
je 1 TL rosenscharfes Paprikapulver und gemahlener Kreuzkümmel
½ TL Ras-el-hanout (marokkanische Gewürzmischung)
3 TL Zitronensaft
4 EL Olivenöl
Salz | Pfeffer
500 g Blumenkohl

Schmeckt nach 1001 Nacht 🌿

Für 2 Personen |
35 Min. Zubereitung
Pro Portion ca. 265 kcal,
6 g EW, 22 g F, 9 g KH

1 Die Kräuter waschen und trocken schütteln, die Blättchen abzupfen. Die Frühlingszwiebeln putzen und waschen. Den Knoblauch schälen und mit den Zwiebeln und den Kräuterblättchen sehr fein hacken. Die Kräutermischung mit Gewürzen, Zitronensaft und 2 EL Olivenöl mischen und mit Salz und Pfeffer abschmecken.

2 Den Blumenkohl waschen, die Röschen abschneiden und in ca. 1 cm große Röschen brechen. Die Stiele schälen und in ebenso große Würfel schneiden.

3 Den Wok erhitzen und das restliche Öl darin warm werden lassen. Den Blumenkohl dazugeben, salzen und bei mittlerer bis starker Hitze unter Rühren 8 – 10 Min. braten, bis er bissfest ist.

4 Die Hitze etwas reduzieren, die Chermoula-Sauce zum Blumenkohl geben und alles weitere 1 – 2 Min. braten. 5 EL Wasser unterrühren, den Blumenkohl abschmecken und servieren. Dazu schmeckt Fladenbrot oder auch Lammkotelett.

VARIANTE INDISCHES GEMÜSE MIT KOKOSFLOCKEN
600 g Auberginen, Kürbis und Pilze waschen oder schälen und putzen. Auberginen und Kürbis 1 cm groß würfeln, Pilze halbieren. 4 EL Kokosraspel in 1 EL Öl goldbraun braten, herausnehmen, salzen. Das Gemüse in 2 EL Öl bei starker Hitze in ca. 5 Min. bissfest braten. Mit je ½ TL gemahlenem Kreuzkümmel, Koriander und Chiliflocken bestreuen, kurz weiterbraten. 100 ml Brühe angießen. Mit 1 Prise Zimtpulver, braunem Zucker und Salz würzen, mit Kokosflocken bestreuen.

PANCETTA-SPARGEL

500 g weißer Spargel | 50 g Pancetta (ital. Speck) | 1 EL Basilikumblätter | 2 EL Pinienkerne | 2 EL Olivenöl | Salz | schwarzer Pfeffer | 50 ml trockener Weißwein (ersatzweise Brühe) | ¼ TL abgeriebene Bio-Zitronenschale

Als Vorspeise auf Rucola servieren

Für 2 Personen | 25 Min. Zubereitung
Pro Portion ca. 300 kcal, 9 g EW, 24 g F, 7 g KH

1 Den Spargel waschen, putzen und schälen. Schräg in ca. 2 cm lange Stücke schneiden. Den Pancetta würfeln, Basilikum in Streifen schneiden.

2 Den Wok erhitzen und die Pinienkerne darin bei starker Hitze unter Rühren goldgelb rösten, wieder herausnehmen. Das Öl und den Spargel in den Wok geben, salzen, pfeffern. Den Spargel unter Rühren ca. 3 Min. braten.

3 Den Pancetta dazugeben und alles ca. 3 Min. weiterbraten, bis der Spargel bissfest ist. Mit dem Wein ablöschen und einmal kräftig aufkochen lassen. Basilikum untermischen, den Spargel mit Salz, Pfeffer und Zitronenschale abschmecken und mit den Pinienkernen bestreuen. Dazu frisches Weißbrot reichen.

VARIANTE

SPARGEL MIT INGWER UND BÄRLAUCH

500 g dünnen grünen Spargel putzen, waschen und in 2 cm lange Stücke schneiden. Im Wok in 2 EL Öl unter Rühren 3 – 4 Min. braten. 2 Frühlingszwiebeln in Ringen und 2 TL Ingwer in Stiften dazugeben und 1 – 2 Min. unter Rühren braten. 50 g in Streifen geschnittenen Bärlauch untermischen und zusammenfallen lassen. ⅛ l Gemüsebrühe, 1 EL Zitronensaft, 2 EL helle Sojasauce, ½ TL Honig und ½ TL Speisestärke verquirlen, dazugeben und einmal aufkochen. 8 halbierte Kirschtomaten untermischen. Salzen und servieren.

SPITZKOHL MIT LÖWENZAHN

400 g Spitzkohl | 50 g Löwenzahn (ersatzweise Rucola) | 6 Kirschtomaten | 2 EL Olivenöl | Salz | Pfeffer | 100 g Schafskäse (Feta)

Ungewöhnlich

Für 2 Personen | 20 Min. Zubereitung
Pro Portion ca. 255 kcal, 13 g EW, 20 g F, 5 g KH

1 Den Kohl waschen, längs vierteln, vom Strunk befreien und in 1 cm breite Streifen schneiden. Den Löwenzahn waschen, trocken schütteln und grob hacken. Tomaten waschen und vierteln.

2 Den Wok erhitzen und das Öl hineingeben. Die Kohlstreifen einrühren, salzen und bei starker Hitze in 4 – 5 Min. bissfest braten. Löwenzahn und Tomaten kurz mitbraten, salzen und pfeffern. Schafskäse zerkrümeln und aufstreuen.

SCHARFE MÖHREN MIT DATTELN

400 g Möhren | 1 rote Zwiebel | 2 Knoblauch-zehen | 50 g Datteln | 50 ml Gemüsebrühe | 1 EL Zitronensaft | Salz | 2 EL Olivenöl | ca. ½ TL Chiliflocken | 1 TL gehackte Minze

Schmeckt nach Orient

Für 2 Personen | 25 Min. Zubereitung
Pro Portion ca. 215 kcal, 3 g EW, 11 g F, 10 g KH

1 Die Möhren schälen und längs in dünne, ca. 1 cm breite Streifen schneiden. Die Zwiebel schälen, vierteln und in feine Streifen schneiden. Den Knoblauch schälen und fein hacken, die Datteln in Streifen schneiden. Die Brühe mit dem Zitronensaft verrühren und salzen.

2 Den Wok erhitzen und das Öl hineingeben. Die Möhren einrühren und bei starker Hitze in ca. 5 Min. unter Rühren bissfest braten. Zwiebel, Chiliflocken und Knoblauch ca. 1 Min. mitbraten. Brühe und Datteln untermischen, alles salzen und mit Minze bestreuen.

NUDELN & CO.

Da kann ich einfach nicht widerstehen: Goldgelb gebratene Nudeln und knuspriger Reis schmecken eigentlich immer und gelingen im Wok einfach ausgezeichnet. Aber auch Tofu und Tempeh sind köstlich aus der asiatischen Wunderpfanne – mal mit Gemüse, mal mit exotischer Frucht kombiniert.

GEBRATENE NUDELN MIT GEMÜSE UND HUHN

125 g asiatische Eiernudeln | Salz | 150 g Hähnchenbrustfilet | 2 EL Sojasauce | 100 g Champignons | 100 g Brokkoliröschen | 1 kleine rote Paprikaschote | 1 Stück Ingwer (ca. 1 cm) | 2 Knoblauchzehen | 4 EL neutrales Öl | 50 ml Gemüse- oder Hühnerbrühe | 1 EL dunkler Reisessig (ersatzweise Aceto balsamico)

Knusprig und saftig zugleich

Für 2 Personen | 25 Min. Zubereitung
Pro Portion ca. 530 kcal, 28 g EW, 23 g F, 50 g KH

1 Die Nudeln nach Packungsangabe in Salzwasser kochen, in ein Sieb abgießen, kalt abschrecken und abtropfen lassen. Das Hähnchenbrustfilet waschen, trocken tupfen, in feine Streifen schneiden und mit 1 EL Sojasauce mischen. Die Champignons putzen, trocken abreiben und vierteln. Die Brokkoliröschen waschen, die Paprikaschote waschen, halbieren, entkernen und in Streifen schneiden. Ingwer und Knoblauch schälen und in feine Scheiben schneiden, die Ingwerscheiben in dünne Streifen schneiden.

2 Den Wok erhitzen und das Öl hineingeben. Die Nudeln darin verteilen und bei starker Hitze ca. 1 Min. ohne Rühren braten, wenden und noch einmal 1 Min. braten. Herausnehmen und zugedeckt warm halten.

3 Die Hitze etwas reduzieren, das Gemüse in den Wok geben und unter Rühren in ca. 3 Min. bissfest braten. Huhn, Ingwer und Knoblauch dazugeben und ca. 1 Min. unter Rühren weiterbraten. Die Brühe mit der übrigen Sojasauce und dem Essig mischen und angießen, mit Salz abschmecken. Die Nudeln unterrühren und gleich servieren, sonst werden sie wieder weich.

TIPP

Für eine mediterrane Variante Linguine oder Spaghetti verwenden, den Brokkoli durch Zucchini oder Aubergine ersetzen und statt mit Sojasauce, Ingwer und Reisessig mit getrockneten Peperoncini, Kapern und 1 EL Aceto balsamico würzen.

KNUSPERNUDELN MIT SPINAT

125 g Fettuccine oder Tagliatelle | Salz |
250 g Spinat | 1 rote Zwiebel | 100 g Gorgon-
zola | 4 EL Olivenöl | Pfeffer

Schnell und einfach

Für 2 Personen | 20 Min. Zubereitung
Pro Portion ca. 605 kcal, 20 g EW, 37 g F,
46 g KH

1 Die Nudeln nach Packungsangabe in Salzwasser bissfest kochen, abschrecken und abtropfen
lassen. Spinat verlesen, waschen und abtropfen
lassen. Zwiebel schälen, vierteln und in Streifen
schneiden. Gorgonzola würfeln. Den Wok erhitzen,
3 EL Öl hineingeben. Nudeln darin verteilen und
bei mittlerer bis starker Hitze ca. 1 Min. ohne Rühren braten, wenden und noch einmal 1 Min. braten.
Herausnehmen und zugedeckt warm halten.

2 Die Zwiebel im restlichen Öl bei starker Hitze
kurz anbraten. Spinat dazugeben und unter Rühren
ca. 1 Min. braten. Die Nudeln mit dem Spinat mischen, mit Salz und Pfeffer abschmecken. Den Gorgonzola unterheben. Rasch servieren.

REISNUDELN MIT SCHARFEM TOFU

200 g Tofu | 2 EL Sojasauce | 1 EL Sesamöl |
1 TL Sambal oelek | 150 g mittelbreite Reis-
nudeln | Salz | 2 Frühlingszwiebeln | 50 g So-
jasprossen | 2 EL Öl | 2 TL Korianderblättchen

Blitzschnell und vegan

Für 2 Personen | 15 Min. Zubereitung
Pro Portion ca. 555 kcal, 19 g EW, 22 g F, 70 g KH

1 Den Tofu zerkrümeln und mit 1 EL Sojasauce,
½ EL Sesamöl und dem Sambal oelek verrühren.
Die Nudeln in Salzwasser bissfest kochen. Die
Frühlingszwiebeln putzen, waschen und in feine
Ringe schneiden. Sprossen waschen.

2 Den Wok erhitzen und das Öl hineingeben. Den
Tofu einrühren und bei starker Hitze ca. 1 Min. braten. Sprossen und Frühlingszwiebeln ca. 1 Min. mitbraten. Die Nudeln in ein Sieb abgießen und tropf-
nass mit der restlichen Sojasauce und dem
übrigen Sesamöl unterrühren. Das Gericht eventuell salzen und mit Koriander bestreut servieren.

FRÜHLINGSROLLEN

Ein Klassiker der Asia-Küche, der immer wieder gut schmeckt – ob pur als Vorspeise oder mit feinen Extras wie Glasnudeln, Erdnüssen und Dip als Hauptgericht.

2 getrocknete Shiitakepilze
50 g Glasnudeln
16 – 18 Blätter Frühlings-
rollenteig (12 x 12 cm)
2 Frühlingszwiebeln
2 Weißkohlblätter
1 junge Möhre
50 g Sojasprossen
50 g gegarte geschälte
Garnelen oder Tofu
1 EL Sesamöl
1 EL Sojasauce
Salz
1 TL Speisestärke
¾ l neutrales Öl zum
Frittieren
süßsaure Chilisauce (Fertig-
produkt) oder Sojasauce mit
Ingwer zum Dippen

Gut vorzubereiten

Für 2 Personen |
1 Std. Zubereitung
Pro Portion ca. 490 kcal,
11 g EW, 27 g F, 54 g KH

1 Die Pilze ca. 15 Min. in heißem Wasser quellen lassen. Die Glasnudeln ebenfalls mit Wasser bedeckt 10 – 15 Min. quellen lassen. Inzwischen die Teigblätter auseinanderlösen. Frühlingszwiebeln putzen, waschen, in 2 cm lange Stücke, dann in feine Streifen schneiden. Die Kohlblätter waschen und die Mittelrippen flach schneiden. Kohl in feine Streifen schneiden. Möhre schälen und fein raspeln. Sprossen waschen und abtropfen lassen. Garnelen oder Tofu in kleine Stücke schneiden.

2 Pilze abtropfen lassen und in feine Streifen schneiden. Glasnudeln abtropfen lassen und mit der Küchenschere in ca. 2 cm lange Stücke schneiden (Bild 1).

3 Den Wok erhitzen und das Sesamöl hineingeben. Möhre, Kohl, Frühlingszwiebeln, Sprossen und Pilze darin bei starker Hitze unter Rühren 1 – 2 Min. braten. Glasnudeln und Garnelen oder Tofu unterrühren, Sojasauce dazugeben und alles mit Salz abschmecken. In eine Schüssel geben, den Wok auswischen.

4 Die Stärke mit 1 EL kaltem Wasser verrühren. Die Füllung in der Mitte der Teigblätter verteilen und die Teigränder mit der Stärke bepinseln (Bild 2). Die Ränder nach innen klappen und die Teigblätter aufrollen (Bild 3), die Ränder dabei fest andrücken. Auf diese Weise alle Frühlingsrollen füllen und aufrollen.

5 Das Öl im Wok stark erhitzen. Die Hälfte der Frühlingsrollen darin in ca. 3 Min. knusprig braun frittieren. Mit dem Schaumlöffel herausheben und auf Küchenpapier abtropfen lassen. Den Rest ebenso frittieren und abtropfen lassen. Die Frühlingsrollen mit Dip servieren (etwa mit der Pflaumensauce siehe Klappe hinten).

WÜRZIGER TOFU MIT ROMANA

Asiatisch gewürzt und – wie in der italienischen Küche – mit knackig gebratenen Salatblättern kombiniert, kommt Tofu hier auf neue Art aus dem Wok!

300 g Tofu
1 rote Chilischote
1 Stängel Zitronengras
1 Stück Ingwer (ca. 2 cm)
2 – 3 EL Sojasauce
200 g Romana-Salatblätter
2 EL Sesamsamen
2 TL Sesamöl
2 EL neutrales Öl
100 ml Gemüsebrühe
Salz

Raffinierte Kombination 🌿

Für 2 Personen |
20 Min. Zubereitung |
evtl. 30 Min. Marinieren
Pro Portion ca. 380 kcal,
20 g EW, 30 g F, 7 g KH

1 Den Tofu abtropfen lassen und in gut 1 cm große Würfel schneiden. Die Chilischote waschen und den Stiel abschneiden. Das Zitronengras waschen, die Enden und die äußere Schicht entfernen. Den Ingwer schälen und mit Zitronengras und Chili sehr fein hacken. Mit der Sojasauce unter den Tofu mischen. Nach Belieben ca. 30 Min. marinieren (der Geschmack wird dann intensiver) oder gleich weiterverarbeiten.

2 Die Romana-Salatblätter waschen, trocken schütteln und in Streifen schneiden. Den Wok erhitzen und den Sesam mit dem Sesamöl darin unter Rühren ca. 1 Min. braten, bis er anfängt zu springen. Herausnehmen und das neutrale Öl in den Wok geben. Die Tofuwürfel darin bei starker Hitze in 2 – 3 Min. knusprig braten. Dabei möglichst wenig rühren, damit die Würfel schön knusprig werden.

3 Die Salatstreifen dazugeben und alles unter Rühren noch ca. 1 Min. braten, bis die Salatstreifen zusammenfallen. Die Brühe angießen und einmal kräftig aufkochen lassen, alles mit Salz abschmecken. Den Tofu mit dem Sesam bestreuen und gleich servieren. Dazu schmeckt Reis ebenso gut wie asiatische Weizennudeln.

TERIYAKI-TOFU MIT ZUCKERSCHOTEN

300 g Tofu | 2 EL Teriyakisauce (Asia-Regal) | 1 TL Wasabipaste (Asia-Regal) | 200 g Zuckerschoten | 2 Frühlingszwiebeln | 100 g Kirschtomaten | 2 EL neutrales Öl | 100 ml Gemüsefond | 2 TL Sesamöl | Salz | Zucker

Japanisch inspiriert

Für 2 Personen | 25 Min. Zubereitung
Pro Portion ca. 370 kcal, 19 g EW, 26 g F, 15 g KH

1 Den Tofu abtropfen lassen und in gut 1 cm große Würfel schneiden. Die Teriyakisauce mit der Wasabipaste verrühren und den Tofu untermischen. Die Zuckerschoten waschen und die Enden abschneiden, eventuell entfädeln. Zuckerschoten nach Belieben schräg in Stücke schneiden. Die Frühlingszwiebeln putzen, waschen, in ca. 2 cm lange Stücke schneiden und diese vierteln. Die Tomaten waschen und halbieren.

2 Den Wok erhitzen und das Öl hineingeben. Die Zuckerschoten und die Zwiebelstücke darin unter Rühren bei starker Hitze in 2–3 Min. bissfest garen, an den Rand schieben.

3 Den Tofu abtropfen lassen und im Wok ca. 1 Min. braten. Wenden und wieder 1 Min. braten, dann den Fond untermischen. Die Tofumarinade und die Tomaten dazugeben. Alles mit dem Sesamöl, Salz und 1 Prise Zucker abschmecken. Rasch servieren. Dazu schmecken japanische Buchweizennudeln oder auch Reis.

TEMPEH MIT SCHALOTTEN UND MANGO

300 g Tempeh | 150 g Schalotten | ½ Mango |
1 kleine rote Chilischote | ½ Stängel Zitronen-
gras | 5 EL neutrales Öl | 150 ml Gemüsebrühe |
1 EL Sojasauce | ½ TL Ahornsirup (ersatzweise
Honig) | Salz | frische Korianderblättchen zum
Garnieren

Würzig-fruchtiger Genuss für Veganer

Für 2 Personen | 30 Min. Zubereitung
Pro Portion ca. 440 kcal, 20 g EW, 33 g F, 15 g KH

1 Tempeh erst in ½ cm dünne Scheiben, dann in
ca. 1 cm breite Streifen schneiden. Die Schalotten
schälen und vierteln oder achteln. Die Mango
schälen, das Fruchtfleisch vom Stein schneiden
und würfeln. Die Chilischote waschen, den Stiel
abschneiden und die Schote mit den Kernen fein
hacken. Das Zitronengras waschen, putzen und
ebenfalls fein hacken.

2 Den Wok erhitzen und 3 EL Öl hineingeben.
Tempeh darin bei starker Hitze unter Rühren
3 – 4 Min. knusprig braten. Herausnehmen und
warm halten. Schalotten, Chili und Zitronengras im
restlichen Öl bei starker Hitze unter Rühren in
5 – 7 Min. bissfest braten.

3 Die Brühe, die Sojasauce und den Ahornsirup
einrühren und das Ganze salzen. Die Mangowürfel
dazugeben und nur erwärmen. Tempeh wieder dazugeben, abschmecken und mit Korianderblättchen bestreut servieren. Dazu schmeckt Reis.

COUSCOUS MIT HUHN UND GARNELEN

Eine kulinarische Liaison von Spanien und Orient, im Wok in einer Blitzversion zubereitet.
Übrigens auch mit Schweinelende oder Kaninchen ausgezeichnet.

200 ml Gemüsebrühe
oder -fond
½ Döschen Safranfäden
100 g Instant-Couscous
2 Mangoldblätter
1 kleine gelbe Paprikaschote
1 rote Zwiebel
2 Knoblauchzehen
150 g Hähnchenbrustfilet
100 g rohe geschälte Garnelen
4 EL Olivenöl
Salz
1 TL rosenscharfes
Paprikapulver
gemahlener Kreuzkümmel
je 4 Stiele Petersilie und
Koriander

Fein mit Safran

Für 2 Personen |
30 Min. Zubereitung
Pro Portion ca. 520 kcal,
33 g EW, 23 g F, 43 g KH

1 Die Brühe oder den Fond zum Kochen bringen. Den Safran zwischen den Fingern zerkrümeln und im Fond anrühren. Den Couscous in eine Schüssel geben, mit der Safranbrühe übergießen und quellen lassen, bis die übrigen Zutaten vorbereitet sind.

2 Inzwischen den Mangold waschen, die Blätter abschneiden und grob hacken, die Stiele in feine Streifen schneiden. Die Paprikaschote waschen, halbieren, putzen und ebenfalls in Streifen schneiden. Die Zwiebel schälen, vierteln und in breite Streifen teilen. Den Knoblauch schälen und in Scheiben schneiden.

3 Das Hähnchenfleisch waschen, trocken tupfen und in knapp 1 cm große Würfel schneiden. Die Garnelen waschen und bei Bedarf vom schwarzen Darm befreien. Die Garnelen längs halbieren.

4 Den Wok erhitzen und die Hälfte vom Öl hineingeben. Das Gemüse mit der Zwiebel und dem Knoblauch einrühren, salzen und bei starker Hitze unter Rühren in ca. 3 Min. bissfest braten. Alles herausnehmen oder an den Rand schieben.

5 Das übrige Öl in den Wok geben und erhitzen. Hähnchenwürfel darin unter Rühren 1 Min. braten. Garnelen dazugeben und noch ½ Min. braten. Das Gemüse wieder untermischen, mit dem Paprikapulver, 1 Prise Kreuzkümmel und Salz abschmecken. Den Couscous untermischen und nur kurz heiß werden lassen. Die Kräuter waschen und trocken schütteln, die Blättchen abzupfen und fein hacken. Vor dem Servieren auf den Safran-Couscous streuen. Dazu schmeckt Blattsalat und Brot.

TIPP Statt mit Couscous schmeckt das Gericht auch mit Bulgur. Den müssen Sie etwa 30 Min. quellen lassen, bis er richtig weich geworden ist. Dann wie beschrieben nur unterrühren und erwärmen. Auch mit Reis schmeckt die Mischung gut, den muss man allerdings vorher mit der doppelten Wassermenge bei schwacher Hitze bissfest kochen. Dann erst den Safran untermischen.

GEBRATENER REIS MIT HACKFLEISCH

Was in Asien fast täglich zur ganz normalen Resteverwertung gehört, bereiten wir uns extra zu. Weil es einfach himmlisch schmeckt!

125 g Langkornreis (oder
250 g gegarter Reis
vom Vortag)
Salz
1 getrocknete Chilischote
1 dicke Stange Lauch
1 Stück frischer Ingwer
(ca. 4 cm)
2 Knoblauchzehen
2 Eier
1 EL süße Chilisauce
3 EL Sojasauce
¼ Bund Koriander
4 EL neutrales Öl
250 g gemischtes Hackfleisch

Ganz einfach

Für 2 Personen |
40 Min. Zubereitung |
mind. 2 Std. Abkühlen
Pro Portion ca. 850 kcal,
40 g EW, 52 g F, 55 g KH

1 Den Reis mit ¼ l Wasser und Salz zum Kochen bringen und zugedeckt bei sehr schwacher Hitze in 15 – 20 Min. körnig ausquellen lassen. Offen abkühlen lassen, mindestens 2 Std., noch besser über Nacht.

2 Die Chilischote im Mörser zerstoßen. Vom Lauch die Wurzeln und welke grüne Teile abschneiden. Den Lauch der Länge nach aufschneiden (Bild 1) und gründlich waschen, auch zwischen den Schichten. Den Lauch in ca. ½ cm breite Streifen schneiden. Ingwer und Knoblauch schälen und fein hacken. Die Eier mit der Chili- und der Sojasauce gründlich verrühren. Den Koriander waschen und trocken schütteln, die Blättchen abzupfen und grob hacken.

3 Den Wok erhitzen und 2 EL Öl hineingeben. Den Reis gleichmäßig im Wok verteilen (Bild 2). Die Hitze etwas reduzieren und den Reis ca. 2 Min. braten, bis er knusprig wird. Dabei nicht rühren. Den Reis in Stücken wenden (Bild 3) und noch einmal ca. 2 Min. braten. Den Reis auf einem Teller zugedeckt warm halten.

4 Das übrige Öl in den Wok geben und Lauch, Ingwer, Knoblauch und Chili darin bei mittlerer Hitze unter Rühren ca. 1 Min. braten. Das Hackfleisch dazugeben und bei starker Hitze unter Rühren ca. 2 Min. braten, bis es nicht mehr rot ist. Den Reis wieder untermischen und noch einmal richtig heiß werden lassen. Die Eiermischung unterrühren und auf der abgeschalteten Herdplatte rühren, bis sie gestockt, aber nicht trocken ist. Mit Salz abschmecken und vor dem Servieren mit dem Koriander bestreuen.

FLEISCH & GEFLÜGEL

Mal brate ich zarte Stücke von Hähnchen, Rind, Schwein oder Kalb, mal lieber eine Entenbrust oder auch eine deftige Bratwurst in kleinen Stücken. Das alles wird im Wok dank großer Hitze und kurzer Garzeit wunderbar zart. Kombiniert mit Gemüse und feinen Saucen schmecken Fleisch & Geflügel einfach traumhaft gut!

RINDFLEISCH MIT AUSTERNSAUCE

Mit buntem Gemüse gebraten und würzig abgeschmeckt ist der chinesische Klassiker immer wieder gut – und vielfältig wandelbar, z. B. mit Lamm.

300 g Rinderlende oder -filet
3 EL Sojasauce
1 EL Reiswein oder trockener Sherry (nach Belieben)
2 TL Speisestärke
1 rote Paprikaschote
100 g Austernpilze
2 Frühlingszwiebeln
1 Stück Ingwer (ca. 2 cm)
1 rote Chilischote
1 EL Austernsauce
100 ml Fleisch- oder Gemüsebrühe
1 EL Sesamöl
2 EL neutrales Öl
Salz
½ EL Korianderblättchen zum Garnieren

Edel und fein

Für 2 Personen |
45 Min. Zubereitung (inklusive Marinierzeit)
Pro Portion ca. 425 kcal,
50 g EW, 22 g F, 16 g KH

1 Vom Fleisch alle Sehnen gründlich entfernen. Das Fleisch zuerst in Scheiben, dann in feine Streifen schneiden. 1 EL Sojasauce mit dem Reiswein oder dem Sherry nach Belieben und mit der Speisestärke verrühren, unter die Fleischstreifen mischen und ca. 30 Min. ziehen lassen.

2 Inzwischen die Paprika waschen, vierteln, putzen und in feine Streifen schneiden. Die Austernpilze von zähen Stielen befreien, mit einem Tuch abreiben und ebenfalls in Streifen teilen. Die Frühlingszwiebeln putzen, waschen und in ca. 2 cm lange Streifen schneiden. Den Ingwer schälen und fein hacken. Die Chilischote waschen, den Stiel entfernen und die Schote mit den Kernen fein hacken. Die Austernsauce mit der restlichen Sojasauce, der Brühe und dem Sesamöl verrühren.

3 Den Wok erhitzen und 1 EL Öl hineingeben. Das Fleisch und die gehackte Chilischote dazugeben. Unter Rühren bei starker Hitze ca. 1 Min. braten. Herausnehmen.

4 Das übrige Öl in den Wok geben. Pilze, Gemüse und Ingwer darin unter Rühren in 3 – 4 Min. bissfest braten. Das Fleisch wieder dazugeben, die Würzsauce angießen und kräftig aufkochen. Mit Salz abschmecken. Mit dem Koriander bestreuen und servieren. Dazu passen dünne Reisnudeln oder Reis.

LAMM MIT MANDELN, SAFRAN UND MINZE

300 g Lammfilet oder -keule | ca. 6 Safran-
fäden | 100 ml Fleisch- oder Gemüsebrühe |
2 Schalotten | 2 Knoblauchzehen | 50 g Mandel-
blättchen | je ½ TL gemahlener Koriander und
Kreuzkümmel | je 1 kräftige Prise Zimtpulver,
gemahlene Gewürznelken und Chilipulver |
2 EL Öl | 50 g Sahne | Salz | ein paar frische
Minzeblättchen

Indisch inspiriert

Für 2 Personen | 30 Min. Zubereitung
Pro Portion ca. 680 kcal, 33 g EW, 59 g F, 5 g KH

1 Das Lammfleisch von großen Fettstücken und
Sehnen befreien und erst in Scheiben, dann in
dünne Streifen schneiden. Die Safranfäden zwischen den Fingern zerkrümeln und in der Brühe
anrühren. Die Schalotten und den Knoblauch schälen und fein schneiden. Die Hälfte der Mandelblättchen sehr fein hacken. Alle Gewürze mischen.

2 Den Wok erhitzen und 1 TL Öl hineingeben. Die
übrigen ganzen Mandelblättchen darin goldgelb
braten und wieder herausnehmen. Das übrige Öl
hineingeben. Die Fleischstreifen einrühren und bei
starker Hitze unter Rühren ca. 1 ½ Min. braten,
dann wieder aus dem Wok nehmen.

3 Die Schalotten und den Knoblauch mit den Gewürzen und den gehackten Mandeln im Bratfett
1 – 2 Min. braten. Das Fleisch wieder untermischen,
die Safranbrühe und die Sahne angießen und kräftig aufkochen. Das Gericht mit Salz abschmecken.
Die Minzeblättchen fein schneiden und mit den gebratenen Mandelblättchen aufstreuen. Das Gericht
gleich servieren. Dazu schmeckt Reis mit Gewürzen und Rosinen oder auch Couscous.

VARIANTE

LAMM MIT TOMATEN

Das Lamm und die anderen Zutaten vorbereiten. Zusätzlich 150 g Tomaten häuten und klein
würfeln. Nach dem Braten der Schalotten-
Knoblauch-Gewürz-Mischung mit dem Fleisch
statt der Sahne die Safranbrühe und die Tomaten in den Wok geben und aufkochen.

KRAUTWOK MIT WURST

400 g Weiß- oder Spitzkohl | 2 Schalotten |
10 Kirschtomaten | ½ Bund Petersilie |
200 g rohe Schweinsbratwurst | 2 EL Olivenöl |
Salz | ca. ½ TL Chiliflocken

Deftig und würzig

Für 2 Personen | 25 Min. Zubereitung
Pro Portion ca. 505 kcal, 20 g EW, 43 g F, 10 g KH

1 Die Kohlblätter waschen und in ca. 1 cm breite
Streifen schneiden. Die Schalotten schälen und in
Ringe schneiden. Die Tomaten waschen und vierteln. Die Petersilie waschen und trocken schütteln,
die Blätter abzupfen und fein hacken. Die Brat-
wurstmasse in ca. 2 cm langen Stücken aus der
Haut drücken.

2 Den Wok erhitzen und das Öl hineingeben. Den
Kohl mit den Schalotten einrühren, salzen und unter Rühren ca. 3 Min. braten. Die Wurststücke und
die Chiliflocken dazugeben und ca. 2 Min. mitbraten. Die Tomaten und die Petersilie untermischen,
den Krautwok abschmecken und servieren. Dazu
schmeckt knuspriges Brot oder Bratkartoffeln.

BLITZGULASCH

300 g Schweinelende | 1 rote Zwiebel | 1 große
rote Paprikaschote | 2 EL Butterschmalz |
½ EL edelsüßes Paprikapulver | 1 geh. TL rosen-
scharfes Paprikapulver | 1 TL Tomatenmark |
50 ml Fleischbrühe | 100 g saure Sahne |
½ TL Mehl | Salz | Pfeffer

Auch mit Rind gut

Für 2 Personen | 20 Min. Zubereitung
Pro Portion ca. 400 kcal, 37 g EW, 24 g F, 7 g KH

1 Fleisch in 1 cm breite Streifen schneiden. Zwiebel schälen, Paprika waschen, beides vierteln und
in Streifen schneiden. Den Wok erhitzen, Fleisch
darin in 1 EL Butterschmalz bei starker Hitze unter
Rühren ca. 1 Min. braten. Herausnehmen.

2 Paprika- und Zwiebelstreifen im restlichen
Schmalz in ca. 3 Min. bissfest braten. Beide Paprikapulver und Tomatenmark kurz mitbraten. Fleisch
und Brühe untermischen. Die saure Sahne mit dem
Mehl verrühren, dazugießen, einmal kräftig aufkochen, salzen und pfeffern. Das Gulasch nach Belieben mit Kartoffelpüree servieren.

SCHWEINEFLEISCH MIT RETTICH

Mit karamelliger Sauce ein Klassiker aus Vietnam, der hier etwas weniger süß zubereitet und dafür leicht scharf abgeschmeckt wird.

1½ EL Zucker
1 Stück Ingwer (ca. 1 cm)
2 TL Limettensaft
ca. ½ TL Chiliflocken
1 EL Fischsauce
300 g Schweinelende
1 Stück weißer Rettich
(ca. 200 g)
2 EL neutrales Öl
Salz
¼ Bund Koriandergrün

Festlich

Für 2 Personen |
30 Min. Zubereitung |
Pro Portion ca. 305 kcal,
34 g EW, 13 g F, 11 g KH

1 Den Zucker mit 2 TL Wasser in einem kleinen Topf bei starker Hitze schmelzen lassen, bis er karamellfarben ist (Bild 1). 50 ml Wasser dazugießen, Achtung, das kann spritzen (Bild 2). Der Zucker wird erst fest und löst sich bei schwacher Hitze wieder auf. Den Zucker dann in ca. 5 Min. sirupartig einkochen lassen.

2 Inzwischen den Ingwer schälen und sehr fein hacken. Mit dem Limettensaft, den Chiliflocken und der Fischsauce zum Karamell geben und gut verrühren. Das Fleisch von den Sehnen befreien und in feine Streifen schneiden. Mit der Karamellsauce mischen und kurz ziehen lassen.

3 Den Rettich schälen und erst in ca. ½ cm dicke Scheiben, dann in etwas breitere Streifen schneiden (Bild 3). Den Wok erhitzen und das Öl hineingeben. Den Rettich dazugeben und bei starker Hitze unter Rühren ca. 2 Min. braten, bis er bissfest ist. Salzen und aus dem Wok nehmen.

4 Das Fleisch abtropfen lassen und in den Wok geben. Die Hitze leicht reduzieren. Das Fleisch unter Rühren ca. 1 ½ Min. braten. Die Sauce und 4 EL Wasser dazugeben und einmal aufkochen lassen. Dann den Rettich wieder untermischen. Den Koriander waschen und trocken schütteln, die Blättchen abzupfen und fein schneiden. Vor dem Servieren über das Schweinefleisch streuen. Dazu schmecken Reisnudeln oder Reis sehr gut.

KALBFLEISCH MIT FENCHEL UND JOGHURT

1 Fenchelknolle (ca. 350 g) | 1 rote Zwiebel | 2 Knoblauchzehen | 300 g dünne Kalbsschnitzel | ½ Bio-Zitrone | 150 g Joghurt | 2 EL Olivenöl | Salz | Pfeffer | je ½ TL Fenchel-, Korianderder-, Kreuzkümmelsamen und getrockneter Oregano | 50 ml trockener Weißwein (ersatzweise Fleischbrühe) | 1 EL schwarze oder grüne Oliven (nach Belieben)

Mediterran angehaucht

Für 2 Personen | 30 Min. Zubereitung
Pro Portion ca. 340 kcal, 35 g EW, 16 g F, 8 g KH

1 Fenchel putzen, das Grün beiseitelegen. Fenchel waschen, vierteln, den Strunk herausschneiden und die Viertel quer in feine Streifen schneiden. Zwiebel schälen, vierteln und in feine Streifen schneiden. Knoblauch schälen und fein hacken. Die Kalbsschnitzel in feine Streifen schneiden. Die Zitronenhälfte heiß waschen und abtrocknen, die Schale fein abreiben und mit dem Joghurt und 1 TL Olivenöl verrühren. Mit Salz und Pfeffer abschmecken. Die ganzen Gewürze und den Oregano im Mörser zerdrücken.

2 Den Wok erhitzen und das restliche Öl hineingeben. Die Fleischstreifen darin bei starker Hitze unter Rühren ca. 1 Min. braten. Herausnehmen.

3 Fenchel, Zwiebel und alle Gewürze in den Wok geben und unter Rühren ca. 4 Min. braten, bis der Fenchel bissfest ist. Den Knoblauch unterrühren und kurz mitbraten. Den Wein angießen, das Fleisch wieder untermischen, nach Belieben die Oliven dazugeben und alles warm werden lassen. Das Gericht mit Salz und Pfeffer abschmecken, mit dem Fenchelgrün bestreuen und mit dem Joghurt servieren. Dazu passen Bratkartoffeln.

SCHARFES HUHN MIT CASHEWS

250 g Hähnchenbrustfilet | 1 rote Zwiebel |
1 Stück Ingwer (ca. 2 cm) | 2 getrocknete Chili-
schoten | 2 Stangen Staudensellerie | 1 rote Pa-
prikaschote | 5 EL neutrales Öl | 50 g Cashew-
kerne | Salz | 2 EL helle Sojasauce | 2 TL süße
Sojasauce | 1 EL Fischsauce (nach Belieben) |
50 ml Hühner- oder Gemüsebrühe |
2 Stiele Koriander oder Minze

Klassiker aus China

Für 2 Personen | 25 Min. Zubereitung
Pro Portion ca. 560 kcal, 34 g EW, 38 g F, 16 g KH

1 Das Hähnchenfleisch waschen, mit Küchenpapier trocken tupfen und in ca. 1 cm große Würfel
schneiden. Die Zwiebel schälen, vierteln und in
Streifen schneiden. Den Ingwer schälen und fein
hacken. Die Chilischoten im Mörser fein zerstoßen.
Selleriestangen und Paprikaschote waschen, halbieren und putzen. Sellerie in dünne Scheiben, Paprika in Rauten schneiden.

2 Den Wok erhitzen und das Öl hineingeben. Die
Cashewnusskerne darin unter Rühren in ca. ½ Min.
goldgelb braten, herausnehmen und salzen. Das
Fett bis auf ca. 2 EL aus dem Wok gießen. Hähnchenwürfel, Chili und Ingwer in den Wok geben
und unter Rühren ca. 2 Min. braten, herausnehmen. Sellerie, Paprika und Zwiebel in den Wok geben und 2 – 3 Min. braten.

3 Beide Sojasaucen, nach Belieben die Fischsauce und die Brühe verrühren und dazugießen.
Alles gut mischen und mit Salz abschmecken. Koriander oder Minze waschen und trocken schütteln,
Blättchen abzupfen und fein hacken. Kräuter und
Cashews auf dem Huhn verteilen und das Gericht
servieren. Dazu schmeckt Reis.

HUHN MIT GRANATAPFEL UND MINZE

Zartes Hähnchenfleisch mit ganz viel Aroma – säuerlich fruchtig vom Granatapfel und wunderbar aromatisch von der Minze.

300 g Hähnchenbrustfilet
2 Frühlingszwiebeln
1 Knoblauchzehe
1 Granatapfel
4 Stiele Minze
2 EL Pinienkerne
2 EL Olivenöl
Salz
ca. ¼ TL Chiliflocken
⅛ l Hühner- oder
Gemüsebrühe
1 EL Zitronensaft
½ TL Honig

Orientalisch

Für 2 Personen |
25 Min. Zubereitung
Pro Portion ca. 370 kcal,
34 g EW, 19 g F, 12 g KH

1 Das Hähnchenfleisch waschen, mit Küchenpapier trocken tupfen und in ca. ½ cm dünne Scheiben schneiden. Die Frühlingszwiebeln putzen, waschen und mit dem Grün in ca. 3 cm lange Stücke und diese längs in Streifen schneiden. Den Knoblauch schälen und in dünne Scheiben schneiden.

2 Den Granatapfel halbieren. Eine Hälfte auspressen, die andere in Stücke brechen und die Kerne zwischen den Trennhäuten herauslösen. Die Minze waschen, trocken schütteln und die Blättchen in Streifen schneiden.

3 Den Wok erhitzen, die Pinienkerne darin unter Rühren goldbraun rösten und wieder herausnehmen. Das Öl in den Wok geben und das Hähnchenfleisch darin bei starker Hitze unter Rühren ca. 1 Min. braten. Mit Salz und Chiliflocken würzen und wieder herausnehmen.

4 Die Zwiebelstreifen und den Knoblauch im Bratfett bei mittlerer Hitze ca. 1 Min. braten. Brühe und Granatapfelsaft dazugeben und mit Salz, Zitronensaft und Honig abschmecken. Das Hähnchenfleisch wieder dazugeben und gut erwärmen. Minze, Granatapfel- und Pinienkerne aufstreuen und das Gericht gleich servieren. Dazu schmeckt Reis oder Couscous.

ROTES ENTENCURRY

Der Klassiker aus Thailand, der dort langsam geschmort wird. In dieser Wokversion ist das Curry blitzschnell fertig und ein ebenso großer Genuss wie das Original.

1 Entenbrust (ca. 380 g)
4 Knoblauchzehen
8 Stiele Koriander
2 EL Sojasauce
2 TL Honig
Salz
100 g Kirschtomaten
100 g ungesüßte Ananas-
stücke (aus der Dose)
1 TL rote Currypaste
¼ l Kokosmilch (Tetrapak)
1 EL Fischsauce
2 TL Limettensaft

Scharf und fruchtig

Für 2 Personen |
35 Min. Zubereitung |
1 Std. Marinieren
Pro Portion ca. 654 kcal,
41 g EW, 43 g F, 20 g KH

1 Die Entenbrust waschen und trocken tupfen. Die Fettschicht mit einem scharfen Messer rautenförmig einschneiden. Den Knoblauch schälen, 6 Korianderstiele waschen, trocken schütteln und die Blättchen abzupfen, mit dem Knoblauch sehr fein hacken. Mit ½ EL Sojasauce und dem Honig verrühren und mit Salz würzen. Die Entenbrust auf der Fleischseite damit einreiben und in Frischhaltefolie wickeln. Ca. 1 Std. marinieren.

2 Die Tomaten waschen und halbieren, die Ananas abtropfen lassen. Den restlichen Koriander waschen, trocken schütteln und die Blättchen fein hacken.

3 Den Wok erhitzen, dann die Hitze etwas reduzieren. Die Entenbrust mit der Haut nach unten hineinlegen und bei mittlerer Hitze ca. 8 Min. braten, bis die Haut knusprig ist. Wenden und ca. 3 Min. braten. Die Entenbrust herausnehmen und in Alufolie wickeln.

4 Das ausgebratene Entenfett bis auf einen dünnen Film aus dem Wok gießen. Die Currypaste in den Wok geben und unter Rühren ca. 1 Min. anbraten. Die Kokosmilch dazugeben und mit dem Schneebesen gründlich unterrühren. Die Sauce offen ca. 5 Min. köcheln lassen.

5 Die Sauce mit der übrigen Sojasauce, der Fischsauce und dem Limettensaft abschmecken. Die Entenbrust aus der Folie wickeln und in dünne Scheiben schneiden. Mit den Tomaten und den Ananasstücken in die Sauce rühren und warm werden lassen. Das Curry abschmecken und mit dem Koriander bestreut servieren. Dazu schmeckt Reis.

FISCH & MEERESFRÜCHTE

Garnelen und kleine Tintenfische gelingen besonders gut im Wok, aber auch zartes Fischfilet steht blitzschnell auf dem Tisch. Mal mit Ingwer, Sprossen oder Koriander wie in Asien gewürzt, mal mit Paprikatatar, Tomaten und Oliven wie in Italien. Alles ist möglich und schmeckt!

KNUSPRIGER FISCH MIT PAPRIKAWÜRFELN

Auf der Haut gebraten wird Fisch besonders fein, mit der mediterranen Mischung aus Gemüse, Kräutern und feinen Gewürzen ein Hochgenuss aus dem Wok!

je 1 gelbe und rote
Paprikaschote
3 Frühlingszwiebeln
¼ Bund Petersilie
350 g Forellen- oder Saiblings-
filet mit Haut
Salz
3 EL Olivenöl
ca. ¼ TL Chiliflocken
100 ml trockener Weißwein
(ersatzweise Gemüsebrühe)
1 Msp. Honig

Edel

Für 2 Personen |
20 Min. Zubereitung
Pro Portion ca. 365 kcal,
32 g EW, 20 g F, 8 g KH

1 Die Paprika waschen, halbieren, putzen und klein würfeln. Die Frühlingszwiebeln putzen, waschen und fein hacken. Die Petersilie waschen und die Blättchen fein hacken.

2 Die Fischfilets waschen und trocken tupfen. Mit der Fingerspitze über das Fischfleisch fahren und größere Gräten aufspüren. Mit der Pinzette vorsichtig herausziehen. Die Fischfilets in ca. 2 cm breite Stücke schneiden und salzen.

3 Den Wok erhitzen und 2 EL Öl hineingeben. Die Fischfilets mit der Haut hineinlegen und bei starker Hitze ca. 2 Min. braten. Vorsichtig wenden, ganz kurz weiterbraten und herausnehmen. Auf einem Teller zugedeckt warm halten.

4 Paprika, Zwiebeln und Chiliflocken mit dem übrigen Öl im Wok unter Rühren ca. 2 Min. braten. Die Petersilie untermischen und nur zusammenfallen lassen. Mit dem Wein ablöschen und kräftig aufkochen. Mit Salz und Honig abschmecken und über den Fischfilets verteilen. Rasch servieren. Dazu schmeckt Baguette.

VARIANTE **KNUSPRIGER FISCH MIT ERDNÜSSEN UND KRÄUTERN**
½ Chilischote mit 2 cm Limettenschale und 1 cm Ingwer fein hacken. 2 EL Limettensaft mit 4 EL Fischsauce, 5 EL Gemüsebrühe, Chilimischung und 1 Msp. Honig verrühren. 50 g geröstete gesalzene Erdnusskerne fein hacken. Blättchen von je 4 Stielen Koriander, Minze und (Thai-)Basilikum fein schneiden. Fischfilets wie beschrieben vorbereiten, salzen und braten. Mit den Kräutern und den Erdnüssen bestreuen und die Sauce darüber verteilen. Gleich servieren.

FISCHCURRY MIT AUBERGINE UND TOMATEN

300 g festfleischiges Fischfilet (z. B. Heilbutt, Schellfisch oder Seelachs) | ½ Aubergine | 150 g Kirschtomaten | 1 Bio-Limette | 1 kleines Stück Ingwer (ca. 1 cm) | 2 Knoblauchzehen | 1 Schalotte | je 1 TL gelbe Senf-, Koriander- und schwarze Pfefferkörner | 1 TL Kurkumapulver | 100 ml neutrales Öl | Salz

Indisch inspiriert

Für 2 Personen | 25 Min. Zubereitung
Pro Portion ca. 325 kcal, 32 g EW, 18 g F, 6 g KH

1 Fischfilet waschen, trocken tupfen und in ca. 2 cm große Würfel schneiden. Die halbe Aubergine waschen und putzen, knapp 1 cm groß würfeln. Tomaten waschen. Limette heiß waschen und abtrocknen, die Hälfte der Schale fein abreiben, den Saft auspressen. Ingwer, Knoblauch und Schalotte schälen und in dünne Scheiben schneiden.

2 Den Wok erhitzen, die Senf-, Koriander- und Pfefferkörner ca. 1 Min. unter Rühren darin rösten, herausnehmen und im Mörser fein zerstoßen. Mit dem Kurkumapulver mischen.

3 Das Öl im Wok erhitzen, die Fischstücke salzen und im heißen Öl unter vorsichtigem Wenden ca. 2 Min. braten. Herausheben, abtropfen lassen und zugedeckt warm halten. Das Öl bis auf einen dünnen Film aus dem Wok gießen, Auberginen, Ingwer, Knoblauch und Schalotte darin bei mittlerer bis starker Hitze unter Rühren ca. 3 Min. braten. Die Gewürzmischung und die Tomaten unterrühren. Ca. 5 EL Wasser angießen und alles mit Limettenschale, 2 EL Limettensaft und Salz abschmecken. Den Fisch untermischen und das Curry gleich servieren. Dazu schmeckt Fladenbrot und Reis.

GEBRATENER FISCH MIT INGWERSAUCE

1 Stück Ingwer (ca. 3 cm) | 1 grüne Chilischote | je ½ Bund Koriander und Petersilie | 1 große Zwiebel | 300 g festfleischiges Fischfilet (z. B. Heilbutt, Schellfisch oder Seelachs) | Salz | 3 EL neutrales Öl | 100 g Kokosmilch (ersatzweise Sahne) | 2 TL Limettensaft (ersatzweise Zitronensaft)

Blitzschnell fertig

Für 2 Personen | 20 Min. Zubereitung
Pro Portion ca. 410 kcal, 32 g EW, 29 g F, 4 g KH

1 Den Ingwer schälen und zuerst in dünne Scheiben, dann in feine Streifen schneiden. Die Chilischote waschen, den Stiel entfernen und die Schote mit den Kernen fein hacken. Die Kräuter waschen und trocken schütteln, die Blättchen abzupfen und ebenfalls fein schneiden. Die Zwiebel schälen, vierteln und in feine Streifen schneiden.

2 Das Fischfilet kalt abspülen, trocken tupfen, in ca. 2 cm große Würfel schneiden und salzen. Den Wok erhitzen und 2 EL Öl darin heiß werden lassen. Die Fischwürfel hineingeben und bei mittlerer Hitze unter vorsichtigem Rühren ca. 2 Min. braten. Herausnehmen und zugedeckt warm halten.

3 Das übrige Öl in den Wok geben, die Zwiebelstreifen mit der Chilischote darin bei starker Hitze unter Rühren 2 – 3 Min. braten. Den Ingwer kurz mitbraten, dann die Kräuter untermischen und zusammenfallen lassen. Die Kokosmilch angießen und aufkochen. Alles mit dem Limettensaft und Salz abschmecken. Den Fisch unterheben und gleich servieren. Dazu schmeckt Reis oder Fladenbrot und ein Chutney.

TINTENFISCHE MIT TOMATEN UND OLIVEN

Kurz gebraten und mit Mittelmeerkräutern, Tomaten und Oliven gemischt, sind die zarten Tintenfischchen ein Genuss, der Urlaubsgefühle weckt.

250 g Tomaten
je 1 kleiner Zweig Rosmarin,
Thymian und Salbei
2 Knoblauchzehen
350 g kleine Tintenfische
2 EL Olivenöl
1 EL Noilly Prat (weißer Wermuth, nach Belieben)
2 EL kleine schwarze Oliven
Salz
Pfeffer
1 Prise Zucker oder
1 Msp. Honig
2 Stiele Basilikum

Mediterran

Für 2 Personen |
20 Min. Zubereitung
Pro Portion ca. 250 kcal,
26 g EW, 13 g F, 7 g KH

1 Aus den Tomaten den Stielansatz herausschneiden. Die Tomaten in einer Schüssel mit kochendem Wasser überbrühen, kurz darin ziehen lassen, kalt abschrecken und häuten. Die Tomaten in kleine Würfel schneiden. Die Kräuter waschen und trocken schütteln, von den groben Stielen befreien und fein hacken. Den Knoblauch schälen und klein würfeln.

2 Die Tintenfische waschen, abtropfen lassen und mit Küchenpapier sehr gründlich trocken tupfen. Den Wok erhitzen und das Öl hineingeben. Die Tintenfische dazugeben und bei starker Hitze unter Rühren ca. 2 Min. braten, bis sie rundherum gebräunt sind.

3 Den Knoblauch und die Kräuter dazugeben und kurz mitbraten. Nach Belieben mit dem Noilly Prat ablöschen. Die Tomatenwürfel einrühren und alles noch ca. 1 Min. unter Rühren braten. Die Oliven untermischen, alles mit Salz, Pfeffer und dem Zucker oder Honig abschmecken. Das Basilikum waschen und trocken schütteln. Die Blättchen abzupfen und fein schneiden. Vor dem Servieren aufstreuen. Die Tintenfische gleich servieren. Dazu schmeckt knuspriges Weißbrot oder auch Bratkartoffeln und ein Salat.

KORIANDERGARNELEN MIT GEMÜSESTREIFEN

Mit knackigem Gemüse gemischt und eher dezent abgeschmeckt kommt der feine Geschmack der edlen Garnelen in diesem Gericht besonders gut zur Geltung.

100 g Sojasprossen
1 Frühlingszwiebel
1 dicke Möhre
100 g Zuckerschoten
4 Stiele Koriander
200 g rohe geschälte Garnelen
1 TL Korianderkörner
3 EL neutrales Öl
75 ml Fischfond (ersatzweise Asiafond oder Wasser)
2 EL Reiswein oder trockener Sherry (nach Belieben)
1 – 2 EL Fischsauce
Salz

Fein und wunderbar mild

Für 2 Personen |
25 Min. Zubereitung
Pro Portion ca. 330 kcal,
25 g EW, 18 g F, 13 g KH

1 Die Sprossen in einem Sieb abbrausen und abtropfen lassen. Die Frühlingszwiebel putzen, waschen und in 2 cm lange Stücke schneiden, diese längs vierteln. Die Möhre schälen, längs in dünne Scheiben und dann in feine Streifen schneiden. Die Zuckerschoten waschen und die Enden abschneiden. Wenn sich dabei Fäden lösen, diese mit abziehen. Zuckerschoten leicht schräg in feine Streifen schneiden.

2 Den Koriander waschen und trocken schütteln. Die Blättchen abzupfen und fein hacken. Die Garnelen, falls nötig, vom Darm befreien. Kalt waschen und trocken tupfen.

3 Den Wok erhitzen und die Korianderkörner darin unter Rühren ca. 1 Min. rösten. Im Mörser fein zerstoßen. 1½ EL Öl in den Wok geben, das Gemüse dazugeben und bei starker Hitze unter Rühren ca. 3 Min. braten. Das Gemüse an den Rand schieben, die Garnelen mit dem übrigen Öl dazugeben und 1 Min. weiterbraten, bis sie sich rosa färben.

4 Den zerstoßenen Koriandersamen dazugeben, den Fond und den Reiswein oder Sherry nach Belieben angießen und alles mit der Fischsauce und Salz abschmecken. Mit dem Koriander bestreuen und rasch servieren. Dazu schmeckt Reis.

VARIANTE

KNOBLAUCHGARNELEN
250 g rohe Garnelen wie beschrieben vorbereiten. 3 Knoblauchzehen schälen und in dünne Scheiben schneiden. Den Wok erhitzen. 1 getrocknete Chilischote zerkrümeln und in 3 EL Olivenöl anbraten. Garnelen und Knoblauch dazugeben und ca. 1 Min. braten. Salzen und mit Salat servieren.

REGISTER

Damit Sie Rezepte mit bestimmten Zutaten noch schneller finden, sind in diesem Register auch beliebte Zutaten wie **Garnelen** und **Nudeln** alphabetisch eingeordnet und hervorgehoben. Darunter finden Sie das Rezept Ihrer Wahl. Vegetarische Rezepte, die im Buch mit einem 🌿 gekennzeichnet sind, sind hier grün abgesetzt.

A

Aubergine
Auberginen mit Lauch und Sesamöl 12
Auberginen sizilianisch (Variante) 12
Fischcurry mit Aubergine und Tomaten 54
Wok-Ratatouille 17

B

Blitzgulasch 41
Blumenkohl, gebratener mit Chermoula 18
Brokkoli
Gebratene Nudeln mit Gemüse und Huhn 24
Gemüsecurry mit Kokosmilch 11

C

Couscous mit Huhn und Garnelen 32

D/E

Datteln: Scharfe Möhren mit Datteln 21
Entencurry, rotes 48

F

Fisch
Fischcurry mit Aubergine und Tomaten 54
Gebratener Fisch mit Ingwersauce 55
Knuspriger Fisch mit Erdnüssen und Kräutern (Variante) 52
Knuspriger Fisch mit Paprikawürfeln 52
Frühlingsrollen 26

G

Garnelen
Couscous mit Huhn und Garnelen 32
Frühlingsrollen 26
Koriandergarnelen mit Gemüsestreifen 59
Gemüsecurry mit Kokosmilch 11
Gemüsewok, bunter 6

H

Hackfleisch: Gebratener Reis mit Hackfleisch 34
Huhn
Couscous mit Huhn und Garnelen 32
Gebratene Nudeln mit Gemüse und Huhn 24

Huhn mit Granatapfel und Minze 47
Scharfes Huhn mit Cashews 45

I

Indisches Gemüse mit Kokosflocken (Variante) 18
Ingwer: Gebratener Fisch mit Ingwersauce 55

K

Kalbfleisch mit Fenchel und Joghurt 44
Kartoffeln, süßsauer-scharfe 14
Knoblauchgarnelen (Variante) 59
Knuspernudeln mit Spinat 25
Kokosmilch
Gebratener Fisch mit Ingwersauce 55
Gemüsecurry mit Kokosmilch 11
Rotes Entencurry 48
Koriandergarnelen mit Gemüsestreifen 59
Krautwok mit Wurst 41

L

Lamm mit Mandeln, Safran und Minze 40
Lamm mit Tomaten (Variante) 40
Lauch
Auberginen mit Lauch und Sesamöl 12
Gebratener Reis mit Hackfleisch 34
Süßsauer-scharfe Kartoffeln 14
Limettenreis (Beilage) 64

© 2014 GRÄFE UND UNZER VERLAG GmbH, München
Alle Rechte vorbehalten. Nachdruck, auch auszugsweise, sowie die Verbreitung durch Film, Funk, Fernsehen und Internet, durch fotomechanische Wiedergabe, Tonträger und Datenverarbeitungssysteme jeglicher Art nur mit schriftlicher Genehmigung des Verlages.

Projektleitung: Sabine Sälzer
Lektorat: Katharina Lisson
Korrektorat: Mischa Gallé
Innen- und Umschlaggestaltung: independent Medien-Design, Horst Moser, München
Illustration: Julia Hollweck
Herstellung: Renate Hutt
Satz: Mohn Media
Reproduktion: Repro Ludwig, Zell am See
Druck und Bindung: Schreckhase, Spangenberg

Syndication:
www.jalag-syndication.de

4. Auflage 2015
ISBN 978-3-8338-3774-6
Printed in Germany

Die Autorin

Cornelia Schinharl hat ihre Liebe zum Essen und Trinken zum Beruf gemacht. Seit vielen Jahren bringt sie ihren reichen Erfahrungsschatz als freie Food-Journalistin und Kochbuchautorin zu Papier und hat für ihre Bücher schon zahlreiche Auszeichnungen bekommen.

Der Fotograf

Wolfgang Schardt kann seine Liebe zum Essen und Trinken beruflich ausleben: In seinem Studio in Hamburg fotografiert er vor allem Food, Stills und Interieur für Magazine wie FEINSCHMECKER, für Verlage und Werbung. Tatkräftig unterstützt wurde er dieses Mal von Michaela Pfeiffer (Foodstyling) und Janet Hesse (Fotoassistenz).

Bildnachweis

Autorenfoto: privat; alle anderen: Wolfgang Schardt

Titelrezept

Scharfes Huhn mit Cashews, Seite 45

Umwelthinweis:

Dieses Buch ist auf PEFC-zertifiziertem Papier aus nachhaltiger Waldwirtschaft gedruckt.

Liebe Leserin, lieber Leser,

haben wir Ihre Erwartungen erfüllt? Sind Sie mit diesem Buch zufrieden? Haben Sie weitere Fragen zu diesem Thema? Wir freuen uns auf Ihre Rückmeldung, auf Lob, Kritik und Anregungen, damit wir für Sie immer besser werden können.

GRÄFE UND UNZER Verlag
Leserservice
Postfach 86 03 13
81630 München
E-Mail:
leserservice@graefe-und-unzer.de

Telefon: 00800 / 72 37 33 33*
Telefax: 00800 / 50 12 05 44*
Mo–Do: 8.00–18.00 Uhr
Fr: 8.00–16.00 Uhr
(* gebührenfrei in D, A, CH)

Ihr GRÄFE UND UNZER Verlag
Der erste Ratgeberverlag – seit 1722.

 www.facebook.com/gu.verlag

GRÄFE UND UNZER

Ein Unternehmen der
GANSKE VERLAGSGRUPPE

Appetit auf mehr?

THAILAND
Rezepte gegen das Fernweh

ISBN 978-3-8338-3772-2

Asian Basics

ISBN 978-3-8338-4910-3

FINGERFOOD
Partyhäppchen ohne Besteck

ISBN 978-3-8338-3964-1

Schlanke Rezepte
DIE 50 BESTEN REZEPTE

Laden im App Store

ANDROID APP BEI Google play

SUSHI
Kult-Häppchen aus Japan

ISBN 978-3-8338-3967-2

COUSCOUS, QUINOA & CO.
Liebe auf den ersten Biss

ISBN 978-3-8338-4431-7

 Alle hier vorgestellten Bücher sind auch als eBook erhältlich.

Mehr von GU auf **www.gu.de** und
facebook.com/gu.verlag

FEINE BEILAGEN

Was wäre das schönste Wokgericht ohne Reis oder Nudeln? Und die können ein bisschen raffinierte Extrawürze gut vertragen!

LIMETTENREIS

Für 2 Personen:

1 TL Koriandersamen ca. 1 Min. anrösten und im Mörser mittelgrob zerstoßen. 1 Frühlingszwiebel mit Grün in feine Ringe schneiden. Beides in 2 TL neutralem Öl glasig andünsten. 150 g Basmati-, Jasmin- oder Duftreis hinzufügen. Etwa 300 ml Wasser dazugeben und aufkochen. Den Reis salzen und bei sehr schwacher Hitze zugedeckt in ca. 15 Min. weich garen, nicht rühren. ½ Bio-Limette waschen und die Schale fein abreiben. Die Blätter von 2 Stielen Koriander fein schneiden. Beides unter den Reis mischen, eventuell leicht salzen und servieren. Der Limettenreis passt zu allen asiatisch gewürzten Gerichten im Buch!

SESAMNUDELN

Für 2 Personen:

Für die Nudeln reichlich Wasser zum Kochen bringen und salzen. 250 g asiatische Weizen, Buchweizen- oder mittelbreite Reisnudeln ins kochende Wasser geben und nach Packungsangabe bissfest kochen. Inzwischen 2 EL Sesamsamen in 1 EL Sesamöl bei mittlerer Hitze unter Rühren ca. 2 Min. braten, bis sie goldbraun sind und fein duften. Sesamsamen, 1 TL mittelgrobes Salz und 1 getrocknete Chilischote im Mörser sehr fein zerstoßen. Die Nudeln abgießen und gleich mit dem gewürzten Sesam und eventuell noch etwas Sesamöl mischen. Rasch servieren. Die Sesamnudeln schmecken am besten zu Huhn oder Gemüse.